SCIENCE ET RELIGION
Études pour le temps présent

LE CATHOLICISME AU JAPON

PAR

ALBERT VOGT

PARIS
LIBRAIRIE BLOUD & Cie
4, RUE MADAME ET RUE DE RENNES, 59

— **L'Apologétique historique au XIXe siècle. La Critique irréligieuse de Renan**, etc., par l'abbé Ch. Denis. 1 vol.
— **Nature et Histoire de la liberté de conscience**, par l'abbé Canet. 1 vol.
— **L'Animal raisonnable et l'Animal tout court**, par C. de Kirwan. 1 vol.
— **La Conception catholique de l'Enfer**, par l'abbé Brémond. 1 vol.
— **L'Attitude du catholique devant la Science**, par G. Fonsegrive. 1 vol.
— *Du même auteur* : **Le Catholicisme et la Religion de l'Esprit.** 1 vol.
— **Du Doute à la Foi**, par le R. P. Tournebize, S. J. 1 vol.
— *Du même auteur* : **Opinions du jour sur les peines d'outre-tombe.** 1 vol.
— **La Synagogue moderne**, sa doctrine et son culte, par A. F. Laubin. 1 vol.
— *Du même auteur* : **Le Talmud et la Synagogue moderne.** 1 vol.
— **Evolution et Immutabilité de la doctrine religieuse dans l'Eglise**, par M. Prunier, supérieur de grand séminaire. 1 vol.
— **La Religion spirite**, son dogme, sa morale et ses pratiques, par I. Bertrand. 1 vol.
— *Du même auteur* : **L'Occultisme ancien et moderne.** 1 vol.
— **L'Hypnotisme franc et l'Hypnotisme vrai**, par le Docteur Hélot. 1 vol.
— **L'Eglise et le Travail manuel**, par l'abbé Sabatier. 1 vol.
— **Unité de l'espèce humaine**, *prouvée par la similarité des conceptions et des créations de l'homme*, p. le marquis de Nadaillac. 1 vol.
— *Du même auteur* : **L'Homme et le Singe.** 2 vol.
— **Le Socialisme contemporain et la Propriété**, par M. G. Ardant. 1 vol.
— **Pourquoi le Roman à la mode est-il immoral et pourquoi le Roman moral n'est-il pas à la mode ?** p. G. d'Azambuja. 1 vol.
— **Comment ce sont formés les Evangiles ?** par le P. Th. Calmés, professeur au grand séminaire de Rouen. 1 vol.

Viennent de paraître :

— **L'Impôt et les Théologiens**, *Etude philosophique, morale et économique*, par le comte de Vorges, ancien ministre plénipotentiaire, membre de l'Académie de Saint-Thomas, etc., etc. 1 vol.
— *Du même auteur* : **Les Ressorts de la Volonté et le libre arbitre.** 1 vol.
— **Nécessité mathémathique de l'existence de Dieu.** *Explications. — Opinions, Démonstrations*, par René de Clèré. 1 vol.
— **Saint Thomas et la Question juive**, par Simon Deploige, professeur de l'Université Catholique de Louvain. 1 vol.
— **Premiers principes de Sociologie Catholique**, par l'abbé Naudet. 1 vol.
— **La Patrie.** — *Aperçu philosophique et historique*, par J. M. Villefranche. 1 vol.
— **Le Déluge de Noé et les races Prédiluviennes**, par C. de Kirwan. 2 vol.
— **La Saint-Barthélemy**, par Henri Hello. 1 vol.
— **L'Esprit et la Chair.** *Philosophie des macérations*, par Henri Lasserre, auteur de *Notre-Dame de Lourdes*, etc., etc. 1 vol.

— **Le Problème Apologétique**, par l'abbé C. Mano, docteur en philosophie. 1 vol.

— **Le Levier d'Archimède ou la Mécanique céleste et le Céleste mécanicien**, p. le R. P. Ortolan. 2 vol.

— **Ce que le Christianisme a fait pour la femme**, par G. d'Azambuja. 1 vol.

— **L'Hypnotisme et la Stigmatisation**, par le Dr Imbert-Gourbeyre. 1 vol.

— **L'Education chrétienne de la Démocratie**, *essai d'apologétique sociale*, par Ch. Calippe. 1 vol.

— **La Religion catholique peut-elle être une science ?** par l'abbé G. Frémont. 1 vol.

— *Du même auteur* : **Que l'Orgueil de l'Esprit est le grand écueil de la Foi**, *Théodore Jouffroy, Lamennais, Ernest Renan*. 1 vol.

— **La Révélation devant la Raison**, par F. Verdier, supérieur de Grand Séminaire. 1 vol.

— **Confréries musulmanes**. — *Histoire, Discipline Hiérarchie*, par le R. P. Petit. 1 vol.

— **Pratique de la Liberté de conscience dans nos Sociétés contemporaines**, par l'abbé Canet. 1 vol.

— **Comment peut finir l'Univers**, d'après la science, par C. de Kirwan. 1 vol.

— **Les Théories modernes de la Criminalité**, par le Docteur Delassus. 1 vol.

— **Faillite du Matérialisme**, par Pierre Courbet, 3 vol. *se vendant séparément* :

I. — *Historique*. 1 vol.
II. — *Discussion* ; *l'atome et le mouvement*. 1 vol.
III. — *Discussion* ; *l'éther, le gaz, l'attraction. Conclusion. — Appendice*. 1 vol.

— **Le Globe terrestre**, par A. de Lapparent, Membre de l'Institut, professeur à l'Ecole libre des Hautes Etudes, 3 vol. *se vendant séparément*.

I. — *La Formation de l'écorce terrestre*. 1 vol.
II. — *La nature des mouvements de l'écorce terrestre*. 1 vol.
III. *La Destinée de la terre ferme et la Durée des temps*. 1 vol.

— **De la Connaissance du Beau**, *sa définition, application de cette définition aux beautés de la nature*, par l'abbé Gaborit, archiprêtre de la Cathédrale de Nantes. 1 vol.

— **Le Diable dans l'Hypnotisme**, par le docteur Ch. Hélot. 1 vol.

— **De la Prospérité comparée des nations protestantes et des nations catholiques**, *au point de vue économique, moral, social*, par le R. P. Flamérion, S. J. 1 vol.

— **L'Art et la Morale**, par le P. Sertillanges, dominicain, docteur en théologie. 1 vol.

— **La Sorcellerie**, par I. Bertrand. 1 vol.

— **Qu'est-ce que l'Ecriture sainte ?** *Les Livres inspirés dans l'antiquité chrétienne ; Théorie de l'inspiration*, p. le P. Th. Calmès. 1 vol.

ST-AMAND (CHER). — IMPRIMERIE DESTENAY, BUSSIÈRE FRÈRES

SCIENCE ET RELIGION
Études pour le temps présent

LE CATHOLICISME
AU JAPON

PAR

ALBERT VOGT

PARIS
LIBRAIRIE BLOUD & Cie
4 RUE MADAME ET RUE DE RENNES, 59

DANS LA MÊME COLLECTION

322-323 ANDRÉ (A.), supérieur du Séminaire universitaire de Lyon. — **Le Catholicisme aux États-Unis de l'Amérique du Nord.** 2e édition. . . . 2 vol.

174 CARON (A.), ancien missionnaire au Japon. — **Confucius, sa vie et sa doctrine**, 2e édition. 1 vol.

179-180 CROUZIL (Lucien), docteur en droit (ès-sciences politiques et économiques), professeur à l'Institut catholique de Toulouse. 2e édition. — **Le Catholicisme dans les pays Scandinaves** . . . . . 2 vol.
(se vendant séparément).
— I. **Danemark et Islande** . . . . . . 1 vol.
— II. **Norwège et Suède** . . . . 1 vol.

156 GODARD (Ch.), docteur ès-lettres. — **Les Croyances chinoises et japonaises**, 2e édition . . 1 vol.

249 GONDAL (I.-L.), supérieur du Grand Séminaire de Toulouse. — **Le Catholicisme en Russie**, 2e édition . . . . 1 vol.

161 — **Le Christianisme au pays de Ménélik**, 2e édition . . . . 1 vol.

267 LECARPENTIER (G.), licencié ès-lettres, diplômé des Hautes Études. — **Le Catholicisme en Irlande**, 2e édition . . . . 1 vol.

330 — **Le Catholicisme en Écosse**. . . . 1 vol.

LE CATHOLICISME AU JAPON

CHAPITRE I

INTRODUCTION

Joseph de Maistre disait, au début de ses « Considérations sur la France », que « jamais l'ordre n'est plus visible, jamais la Providence n'est plus palpable que lorsque l'action supérieure se substitue à celle de l'homme et agit toute seule. Ce qu'il y a de plus frappant dans la Révolution française, ajoutait-il, c'est cette force entraînante qui courbe tous les obstacles. Son tourbillon emporte comme une paille légère tout ce que la force humaine a su lui opposer. Personne n'a contrarié sa marche impunément ».

Ces paroles peuvent, ce me semble, s'appliquer à merveille à l'Empire japonais et au nouvel état de choses qu'il représente dans le monde, comme aux événements qui, depuis quelques années, se jouent sur ce trop sanglant théâtre. A l'heure où, en Europe, l'Eglise est de nouveau combattue et attaquée comme elle ne le fut guère plus depuis le XVIe siècle, la Providence, pour tout œil attentif, élabore lentement, à l'autre extrémité des terres habitées, un second Empire romain destiné, peut-être, à recevoir le flambeau de la foi que les pays chrétiens laissent aujourd'hui tomber de leurs mains vacillantes et qui ne s'éteint sur un point que pour briller sur un autre. Or, comme toujours, avant d'agir et de frapper, Dieu prépare ses voies et c'est bien en vain que les hommes essaient de s'opposer à son œuvre. En croyant agir pour leur intérêt propre, ils servent inconsciemment les desseins de la Providence. Cela s'est perpétuellement vu dans l'histoire, et, si rien n'est plus beau que de contempler l'admirable ordonnance d'après laquelle les faits se déroulent et s'enchaînent dans le passé, rien n'est plus réconfortant, plus captivant même, que de chercher dans le présent le secret de l'avenir. A cet égard seul, l'histoire de l'Eglise japonaise serait déjà en soi singulièrement curieuse et instructive s'il n'y avait encore pour l'historien un autre élément digne à coup sûr de retenir son attention : celui d'une ancienne nouveauté. L'intérêt qui s'attache à la vie religieuse de ce jeune peuple est, en effet, de l'ordre le plus général qui soit, car il est, en même temps, rétrospectif et actuel. Malgré nous — et pour la première fois depuis dix-neuf siècles — nous sommes ramenés, par les faits, au berceau de l'Eglise, aux origines chrétiennes. Que voyons-nous donc ? D'une part une étonnante révolution qui, subitement, en l'espace de moins d'un demi-siècle, transforme la société japonaise du sommet à la base et la jette telle quelle, et fatalement, dans les bras du christianisme ; de l'autre, une lutte acharnée qui n'est pas à la veille de se terminer et qui assurera un jour ou l'autre à ce peuple né d'hier la suprématie en Orient, une prépondérante influence en Occident.

Jusqu'en l'année 1868, le Japon vit en dehors de tout le mouvement contemporain. Une infranchissable barrière arrête à chacun de ses ports les étrangers et leurs idées. C'est à peine si quelques rares Portugais et Hollandais se hasardent sur ses côtes inhospitalières, à Nagasaki et dans l'île de Deshima, et seuls quelques rares médecins d'Europe peuvent communiquer — et uniquement de vive voix — avec leurs confrères d'Extrême-Orient. De grandes croix sont tracées sur tous les rivages où peut aborder un vaisseau étranger, afin qu'aucun chrétien ne franchisse le sol japonais sans, du même coup, fouler au pied le signe qu'il adore comme symbole de sa foi. A l'intérieur, l'état social est celui d'une féodalité puissante ayant, à sa tête, le Mikado comme souverain en titre, le Shogoun, comme souverain effectif, et au-dessous une noblesse vassale qui doit au Shogoun le service militaire et civil en échange des fiefs et privilèges qu'elle en reçoit. Cet état de choses dure deux siècles, de 1603 à 1854. Alors apparaissent les premiers navires américains envoyés par le président Fillimore et commandés par Perry. Les événements sont bientôt maîtres des hommes et de leur jalouse volonté. Le Japon est obligé de signer un traité avec les « Barbares ». Il faut qu'il ouvre ses portes à l'Amérique en lui permettant de s'établir à Shimoda et à Hakodate. C'est par cette brèche que va passer sur le Japon la tempête qui, venue du large, aura tôt fait de balayer l'ancien ordre établi, pour laisser la place libre à la Révolution qu'elle traîne derrière elle. Les nations européennes suivent de près le sillage tracé par les cuirassés d'Amérique et, tour à tour, l'Angleterre, la Russie, la Hollande, la France viennent réclamer leur place « au Soleil Levant ». C'en est fait de l'ancien Japon. Le nouveau se lève en 1868. Après une lutte intérieure acharnée, le Shogounat est aboli, les partisans des réformes remportent une éclatante victoire sur les Tokugawa qui sont écrasés et le Mikado Mutsu-hito confirme les traités qui livrent à l'étranger le Japon prêt à être éduqué. Et tandis que fort de sa jeunesse et de la vie qu'il sent bouillonner en ses veines, pris soudain d'un irrésistible élan d'expansion, il ne songe plus qu'à signer des traités et à nouer d'amicales relations avec les grands Etats européens, tandis qu'il affermit son autorité sur mer et rêve déjà de se mesurer avec ses voisins, à commencer par la Chine, à l'intérieur tout se renouvelle. En 1871, la féodalité est abolie ; un parlementarisme sagement mitigé, emprunté aux meilleures constitutions d'Europe — beaucoup à celle d'Allemagne, un peu à celle de France — lui permet d'entrer dans le « concert des nations civilisées ». Les jeunes gens vont étudier dans toutes les grandes universités comme dans nos premières écoles de guerre ; la presse, à peine créée, répand sur tout son territoire, à profusion, les idées d'Outre-Mer et d'Outre-Monts ; l'instruction se propage avec une étonnante rapidité ; les chemins de fer s'établissent ; le calendrier grégorien est adopté ; dès 1889 la Constitution est solennellement proclamée. Trente-cinq ans avaient suffi à ce peuple extraordinaire pour franchir l'étape que ses aînés d'Europe parcoururent péniblement en plusieurs siècles d'histoire. Et ce n'est point fini. Chacun sait aujourd'hui quelles sont les visées, les ambitions, les ressources et l'intelligence du Japon de 1905 !

Or, c'est au sein de cette société que l'Eglise doit exercer son action sanctificatrice et aussi, malgré les apparences, sa mission civilisatrice. Cette fois-ci elle n'a plus affaire avec des tribus sauvages qu'il faut enseigner, convertir et baptiser. Comme au jour où Paul arriva en Grèce prêcher le « Dieu inconnu », comme aux jours où Pierre vint annoncer la bonne nouvelle sur la voie Nomentane, les missionnaires se trouvent en présence d'une société païenne assez analogue à celle du Ier siècle, aussi fière de sa conquérante puissance que pouvait l'être Rome, aussi orgueilleuse de sa pensée que pouvait l'être Athènes, aussi corrompue, hélas ! que l'était l'antiquité. Ainsi qu'autrefois, les apôtres d'aujourd'hui ont à lutter contre tous les obstacles qui arrêtèrent la première propagande chrétienne. Ils sont méprisés comme étrangers et porteurs d'une doctrine dont le centre d'unité et d'action est ailleurs qu'au Japon; ils sont paralysés par un scepticisme et une irréligion que la multitude des confessions dites chrétiennes n'est pas faite pour dissiper et qui essaie d'inventer un élégant éclectisme, de construire idéalement un nouveau Panthéon où viendraient fraterniser Çakia-Mouni et Jésus-Christ — l'un représentant de l'ancienne tradition nationale, l'autre symbole de la récente civilisation; ils sont attaqués par les Européens eux-mêmes qui devraient cependant les défendre et les protéger. Mais aussi, grâce à Dieu, comme leurs ancêtres dont ils tiennent la foi qu'ils apportent sur cette terre et à cette société, ils trouvent déjà des appuis humains qui ne manquèrent pas à leurs devanciers. Des conversions se produisent dans toutes les classes de cet empire et, à côté de l'humble ouvrier, du petit artisan qui va redire la parole évangélique à ses semblables, au champ et à l'atelier, avec une foi et un courage que nous dirons, ils voient se grouper autour d'eux une élite intellectuelle et sociale qui, par ses relations mondaines, son influence et son savoir pourra favoriser, un jour, l'expansion du premier mouvement religieux. Et c'est par là que cette Eglise est doublement intéressante et mérite, je crois, qu'on l'étudie.

CHAPITRE II

LES ORIGINES CHRÉTIENNES AU JAPON

Le Japon qui avait été signalé à l'Europe en 1298 par Marco Polo, puis au XVIe siècle par Magellan, ne fut toutefois réellement connu de l'Occident que le jour où un Portugais, Fernao Mendès Pinto y aborda en 1542. Ses récits firent rapidement le tour du monde et marchands, navigateurs, aventuriers ne furent pas longs à apprendre le chemin qui de Lisbonne et d'ailleurs conduisait sur ces terres qu'on décrivait et si riches et si fécondes. Parmi ceux qui entendirent parler de ce pays inconnu aux populations curieuses, intelligentes et douces, amies des arts et de l'instruction, il en fut un dont l'âme ardente et fière se mit à tressaillir d'une joie qui n'avait rien d'humain et qui rêva d'aller, de l'Inde où il se trouvait alors, sur ces côtes hospitalières pour accomplir une œuvre plus grande que celle d'établir un comptoir, plus noble même que celle d'enseigner à des étrangers le nom et la langue d'une patrie périssable : pour prêcher, à des foules qui l'ignoraient, la bonne nouvelle de l'Evangile et la foi au Sauveur du monde. C'était François Xavier. Depuis 1542, lui aussi, à la suite des compagnons de Vasco de Gama, il s'était laissé porter sur ces flots inconnus et fascinants et, plein de confiance en la parole de

Jésus-Christ, il avait abordé aux Indes et commencé son apostolat. C'est là que la nouvelle du voyage de Pinto vint le trouver et qu'un événement tout à fait inattendu le décida à s'embarquer sur une jonque chinoise pour ce pays étrange où il arriva le 15 août 1549. Il était à Malacca, quand un Japonais du nom d'Anjiro, qui l'avait longtemps cherché, se présenta pour lui demander d'apaiser les remords de sa conscience troublée par une longue vie de débauches. François eut tôt fait de l'amener à Dieu et au baptême et ce fut avec ce premier néophyte, prémices de la future église japonaise, que l'apôtre aborda à Kagoshima (1). Son apostolat au Japon dura deux années. Le 20 novembre il était obligé de renoncer à cette chrétienté naissante, « les délices de son âme », pour retourner aux Indes où saint Ignace de Loyola l'avait nommé supérieur de la récente province qu'il venait de créer. Mais en ces vingt-sept mois quelle œuvre accomplie ! A sa voix, de toutes les classes de la société des hommes s'étaient levés pour recevoir le baptême. Un jour, ce fut un pauvre, le premier qu'il baptisa, un autre ce furent des bonzes qui avaient voulu discuter avec lui et qui s'en retournent convertis. Partout il fonde des communautés dont il laisse à ses frères la direction, tandis qu'il va prêcher ailleurs le

(1) Marnas, *La Religion de Jésus-Christ ressuscitée au Japon*, p. 6 et 7. Je suivrai dans ses grandes lignes cet excellent travail pour tout ce premier chapitre.

Credo traduit en japonais. Successivement, Kagoshima, Hirado, Yamaguchi, Bungo reçoivent ses instructions et, quand il part pour la Chine, le Japon compte déjà plusieurs milliers de chrétiens. L'Eglise japonaise était fondée et solidement fondée.

Cette première aube du Christianisme qui apparaissait, soudain, radieuse au fond de l'Océan, pour éclairer d'une lumière toute divine les ténèbres dans lesquelles semblait s'ensevelir l'Europe, devait bientôt se diaprer de couleurs sang. C'est la rançon demandée à l'Eglise avant toutes ses grandes œuvres. Déjà, lors de la courte apparition de saint François au Japon, un des princes les plus puissants de la féodalité japonaise, le prince Satsuma, publia un édit contre le Christianisme et ceux qui le prêchaient; mais ce n'était encore qu'une mesure sans conséquence. Les Jésuites, successeurs de François, continuèrent à prêcher l'Evangile en toute liberté. Tandis que les conversions se multipliaient dans tous les milieux et sur toute l'étendue du territoire, une efflorescence de vertus, comme seule en peut susciter l'Eglise, se manifestait, plus éloquente et plus persuasive que la parole, si chaude et si vibrante qu'elle puisse être. Ce fut l'heure des admirables dévouements, des sublimes leçons de choses. On put voir, par exemple, deux bonzes venus de Myako renier leurs superstitions, abandonner leurs temples et, sous le nom de Paul et Barnabé, parcourir le pays pour annoncer la doctrine à laquelle ils venaient d'adhérer ; on put voir une province, celle d'Arima, compter quinze cents fidèles baptisés avant même que les missionnaires y eussent pénétré ; on put voir les plus puissants daimyo, d'Omura, d'Amakusa, des îles Goto devenir néophytes et entraîner à leur suite les meilleurs de leurs vassaux. Dès 1582, le Japon comptait 200.000 chrétiens et 250 oratoires. L'Eglise était assez prospère pour envoyer à Grégoire XIII une ambassade, composée de trois princes japonais, et montrer par cet exemple à l'Europe étonnée que la foi ne disparaît jamais d'un peuple sans passer à un autre.

Ces merveilles apostoliques. malheureusement, furent de courte durée. De tels succès ne pouvaient aller sans susciter bien des haines et aussi peut-être bien des imprudences. Les bonzes, voyant la richesse et l'influence leur échapper peu à peu, commencèrent à s'agiter et à chercher, contre les chrétiens, des griefs qu'ils pourraient exploiter à la faveur du nouveau règne qui venait de s'ouvrir en 1592. En hommes avisés, ils allèrent les puiser à ces sources toujours passablement troubles et corrompues, en tous temps et en tous lieux, et d'où naissent les grands torrents dévastateurs : celles de la politique. Fort habilement, ils profitèrent des moindres démarches, des plus insignifiantes paroles dont l'orgueil et la jactance espagnols, en ces années de gloire et de triomphe, ne durent, sans doute, pas être très ménagés, pour convaincre Hideyoshi qu'un complot se tramait contre lui et, qu'en fait, les missionnaires n'étaient autres que de vils espions au service de leur patrie. Et, en vérité, s'ils étaient instruits des événements du jour, s'ils connaissaient quelque chose des façons cavalières dont l'Espagne d'alors entendait la colonisation, il faut avouer que les bonzes avaient beau jeu. Quoi qu'il en soit, Hydeyoshi se laissa convaincre et, dès 1587, la persécution commençait. Les prêtres européens étaient chassés du territoire japonais, les églises étaient détruites : « Sous prétexte de procurer le salut éternel après cette vie, disait Hideyoshi, les prédicateurs de la religion chrétienne se concilient l'esprit des peuples et se les attachent afin de pouvoir les soulever à leur gré contre le monarque du Japon. C'en eût été fait de moi si je n'avais prévu le péril (1). » Cependant cette première persécution ne fut qu'une alerte. Tout corrompu que fut Hideyoshi, il n'était point cruel et la persécution n'eut rien de sanglant. Peut-être, du reste, n'était-il pas autrement convaincu du complot qui se tramait contre ses Etats.

Dix ans s'étaient à peine écoulés depuis ce premier édit lorsqu'un événement assez caractéristique et propre, assurément, à confirmer le roi dans ses craintes contre les

(1) Bouix, *Histoire des vingt-six martyrs du Japon*, cité par Marnas, p. 23.

méchants desseins, non pas certes des missionnaires, mais des Espagnols, vint déterminer la crise qui menaçait l'Eglise du Japon. En juillet 1596, un vaisseau marchand espagnol, le « Saint-Philippe », abordait subitement sur les côtes de la province de Tosa. Il fut saisi avec toute sa cargaison par les fonctionnaires d'Hideyoshi. D'où grande colère du capitaine qui n'imagina rien de mieux pour intimider l'officier que de lui montrer, avec la hauteur qu'on peut deviner, sur une carte du monde, les immenses possessions du roi, son maître. Surpris, le Japonais lui demanda comment une si vaste monarchie avait pu s'établir. « Par la religion et par les armes, lui répliqua le Castillan. Nos prêtres nous préparent les voies. Ils convertissent les peuples au Christianisme. Ensuite, ce n'est plus qu'un jeu pour nous de les soumettre à notre autorité. » Cette fois, il ne pouvait plus y avoir doute. Hideyoshi se décida à agir. Une liste de proscription fut dressée dont on garda vingt-quatre noms : neuf prêtres et quinze laïques, destinés à expier pour tous une imprudente et vaniteuse fanfaronnade. L'exécution eut lieu à Nagasaki. Les prisonniers, auxquels on adjoignit deux autres chrétiens, firent, héroïquement, le sacrifice de leurs jours, étonnant par leur courage, leur douceur et leur joie les païens qui les accompagnaient, sans pouvoir comprendre la force surnaturelle qui soutenait ces victimes innocentes, transportant d'amour, d'espépérance et de foi les chrétiens innombrables qui les contemplaient comme la semence céleste d'où naîtrait, bientôt, la moisson d'or dont ils étaient les premiers épis. Le 5 février 1597, les martyrs furent conduits sur la colline de Tateyama, au nord de Nagasaki, et là attendirent, crucifiés, que le coup de lance du bourreau mit fin à leurs jours en déchirant leur poitrine. Alors, tandis que le supplice s'accomplissait, que des flancs à l'épaule le corps de chaque chrétien était transpercé, à l'image de celui du Sauveur, une voix d'enfant, pure comme celle d'un ange, s'éleva tout à coup, d'une des croix : « Laudatė, pueri, Dominum, enfants, louez le Seigneur », entendit-on. C'était Antoine, un petit servant de messe de treize ans, qui entonnait sur terre l'éternelle louange, la « laus perennis » de son Noël céleste qu'il allait continuer pour toujours dans l'éternité.

Cette tragique journée eut un lendemain bien différent de celui qu'on aurait pu prévoir. Avant que de nouveaux martyrs ne remontassent sur leurs chevalets, Hideyoshi mourait, ne laissant qu'un enfant mineur sous la tutelle de Yeyasu Tokugawa dont le nom allait rester fameux dans les annales historiques du Japon, grâce à l'adresse avec laquelle il sut se faire donner le titre de Shogoun d'une part, grâce de l'autre, à la Fortune qui permit à sa famille de conserver le titre et l'autorité qu'il représentait, jusqu'au jour de son abolition en 1868. Cependant, pour autant la persécution ne cessa pas, c'est à peine si elle se ralentit. Toutefois, les conversions n'en continuaient pas moins. Au dire du P. Marnas, en la seule année 1599, il y eut 70.000 conversions et, en 1605, le Japon comptait dix-huit cent mille chrétiens. Les ordres les plus divers étaient venus donner la main aux ouvriers de la première heure.—Jésuites, Franciscains, Dominicains, chanoines de Saint-Augustin, fondaient, malgré la persécution, des églises, des hôpitaux, des écoles, des noviciats, voire même un observatoire à Osaka et une académie à Myako. En 1613 encore, le daimyo de Sendaï envoie une ambassade à Paul V et au roi d'Espagne ; mais c'est le dernier jet de lumière avant l'obscurité de la nuit orageuse.

La cause du suprême bouleversement qui amena la fin momentanée de cette noble église, n'est pas, en vérité, très facile à démêler, car l'on a donné plusieurs motifs aux décrets qui chassèrent définitivement la religion du sol japonais. Il semble bien, cependant, qu'il faille attribuer la chose au double jeu de la politique et de la religion occidentales. Avec l'Espagne, en effet, la Hollande et l'Angleterre, quoique tardivement, s'étaient donné rendez-vous en Extrême-Orient. Or, le commerce d'une part, la religion de l'autre, faisaient de ces trois nations européennes des sœurs ennemies prêtes, partout, à en venir aux mains. Si l'Espagne catholique avait des missionnaires et des marchands, la Hollande et l'Angleterre avaient leurs prédicants et leurs hommes d'affaires. Le Japon était un trop brillant enjeu pour que chacun de ces Etats ne cherchât pas, par tous moyens, à l'attirer dans son orbite et dans sa sphère d'influence, quitte à périr tous trois plutôt que d'en voir un éliminer définitivement les autres. Yeyasu fut à nouveau, comme son prédécesseur, circonvenu par les ennemis de l'Eglise. Hollandais et Anglais reprirent, avec une haine égale à celle que déployaient les protestants d'Europe à l'égard des catholiques, le vieux thème inventé par les bonzes, entretinrent habilement les craintes du Shogoun contre de nouvelles tentatives de l'Espagne et représentèrent les chrétiens japonais, les seigneurs surtout, comme pleinement dévoués à la politique du roi catholique. Le résultat d'aussi basses manœuvres ne se fit pas attendre. En 1613, Yeyasu condamnait quatorze nobles vassaux de sa cour, à la confiscation et à l'exil : c'était le commencement de la grande persécution. La province d'Arima suivit de près l'exemple donné par le Shogoun : le daimyo fait égorger ses deux jeunes frères et condamne au feu trois seigneurs et leur famille. L'évêque du Japon, Louis Cerqueira, de son côté, est mis à mort. L'ère des martyrs est bien définitivement ouverte. Comme pour légaliser les cruautés qui se commettent, Yeyasu lance, en 1614, son célèbre édit : Tous les missionnaires sont bannis, leurs églises démolies, les chrétiens japonais ont à choisir entre l'apostasie et la mort.

Alors seulement on put voir jusques en quelles profondeurs la foi avait jeté ses racines dans l'âme de ces hommes hier encore païens. Certes, les défections furent nombreuses; mais que de grands exemples dignes de l'antiquité chrétienne. Plutôt que de renier leurs nouvelles croyances on vit des multitudes de Japonais prendre, sans faiblir, les chemins de l'exil ou celui du bûcher. Un jour, soixante-treize seigneurs abandonnent leurs biens et leur famille et s'en vont dans la province déserte de Tsugaru mourir de faim et de froid ; un autre, c'est plus de mille chrétiens qui, plus heureux, sont expédiés en terre espagnole, tandis qu'une foule innombrable, des enfants, des femmes, des pauvres, des ouvriers sont brûlés vif ou tués par le glaive. Toutes les provinces offrent bientôt leur contingent de martyrs : Nagasaki, Omura, Hirado, Shimabara semblent se dépeupler tant le nombre des chrétiens massacrés fut considérable. Partout les prisons s'emplissent de victimes qui meurent par groupes de vingt, cinquante, cent, joyeuses d'aller voir le ciel, fières de rendre témoignage de leur foi par le sacrifice de leur vie. Bientôt les supplices ordinaires ne suffisent plus aux bourreaux. Il faut qu'à leur tour, ils imitent, sans le savoir, la cruauté des persécuteurs d'autrefois, tant l'homme reste le même sous toutes les latitudes et à travers tous les âges, dès que la bête qu'il porte en lui est déchaînée, dès qu'elle n'est plus tenue en laisse par ces fortes et puissantes chaînes de la religion et de l'autorité. En 1627, on vit des chrétiens plongés dans des étangs glacés, descendus à l'intérieur de la cheminée d'un volcan, le mont Onsen, jetés la tête en bas dans des fosses remplies d'immondices. Des Hollandais, témoins oculaires de ces scènes d'épouvante, en ont laissé un émouvant récit : « Aux uns on arrachait les ongles, racontent-ils; on perçait aux autres les bras et les jambes avec des vilebrequins; on leur enfonçait des alènes sous les ongles et on ne se contentait pas d'avoir fait tout cela une fois, on y revenait plusieurs jours de suite. On en jetait dans des fosses pleines de vipères; on remplissait de soufre et d'autres matières infectes de gros tuyaux et on y mettait le feu, puis on les appliquait au nez des patients afin qu'ils en respirassent la fumée, ce qui leur causait une douleur intolérable. Quelques-uns étaient piqués par tout le corps avec des roseaux pointus, d'autres étaient brûlés avec des torches ardentes. Ceux-ci étaient fouettés en l'air jusqu'à ce que leurs os fussent tout décharnés. Ceux-là étaient attachés les bras en croix à de grandes poutres qu'on les contraignait de traîner jusqu'à ce qu'ils tombassent en défaillance. Pour faire souffrir doublement les mères, les bourreaux leur frappaient la tête avec celles de leurs enfants... [Un jour] on fit creuser sept fosses à deux brasses l'une de l'autre ; [le bourreau] y fit planter des croix sur lesquelles on étendit les patients et après qu'on leur eût pris la tête avec deux ais échancrés, on commença à leur scier, avec des cannes dentelées, aux uns le cou, aux autres les bras ; on jetait de temps en temps du sel sur leurs plaies et ce cruel supplice dura cinq jours de suite sans relâche. »

La persécution, du reste, ne respectait personne. Quatre ambassadeurs portugais de Macao arrivèrent, en 1640, à Nagasaki, avec une suite de soixante-quatorze personnes. Sommés de renier leur foi, ils refusèrent courageusement et furent, sans autre retard, condamnés à mort, avec leurs gens. Treize matelots qui peut-être avaient apostasié, purent rentrer à Macao avec cet avertissement terrible : « Tant que le soleil échauffera la terre, qu'aucun chrétien ne soit assez hardi pour venir au Japon! Que tous le sachent : quand ce serait le roi d'Espagne en personne ou le Dieu des chrétiens ou le grand Shaka lui-même, celui qui violera cette défense le paiera de sa tête! »

Ainsi, pour deux grands siècles le Japon refermait ses portes à l'étranger et retombait dans le paganisne. Est-ce à dire, cependant, que toute vie religieuse se soit éteinte en ce malheureux pays ? qu'il ne restât plus de chrétiens sur cette terre qui en avait tant porté et de si fervents ? que jamais plus les regards d'un apôtre ne se portèrent sur ces contrées désertes, encerclées d'une infranchissable muraille, où Jésus-Christ, par ses prêtres, avait accompli de si grandes choses ? Non pas, certes. Le feu que, subitement, découvrirent sous la cendre les missionnaires du XIXe siècle n'était point consumé. De pieuses mains l'entretinrent au milieu des plus terribles dangers ; de généreux cœurs vinrent, en plusieurs fois, l'attiser et souffler sur cette braise qui n'attendait qu'un peu d'air pour brûler à nouveau.

De 1640 à 1844, la législation japonaise reste formelle sur les rapports du pays avec les étrangers. Tout prêtre qui pénétrait sur le territoire du Mikado était mis à mort ; tout Japonais qui sortait de son pays ne pouvait y rentrer sans subir la même peine. Les quelques Hollandais qui restèrent à Deshima durent acheter leur séjour au prix des plus humiliantes conditions : défense leur était faite de manifester leur foi par aucun signe extérieur. Cependant, dès 1642, quelques jésuites se harsardèrent à rentrer au Japon. Ils furent immédiatement saisis et longuement martyrisés : « L'empereur du Japon condamne ceux-ci à mort pour avoir prêché la foi romaine qu'il a défendue en tous ses royaumes », put-on lire sur le dos des condamnés ; et, comme s'il voulait par là prouver l'invincible persistance de la vie chrétienne en ses Etats, au cours de 1666, le

Shogoun rendit un édit par lequel une commission était établie par toutes les villes et villages de l'Empire pour rechercher la croyance de chaque famille. Cette même ordonnance statuait qu'une fois l'an, les Japonais devraient fouler aux pieds une croix ou une image de la Vierge placée sur le sol. Et pourtant, malgré les persécutions et les ordonnances, un homme se trouva pour affronter tous les obstacles et servir d'anneau à cette chaîne mystérieuse qui unit l'Eglise japonaise du VIe siècle à celle du XIXe. Cet homme était l'abbé Sidotti.

Parti de Gênes en 1703, il arriva à Manille en septembre 1704, dans l'espérance de pouvoir un jour s'embarquer pour le Japon. C'est là, dans ces îles Philippines, qu'il fit connaissance avec les derniers survivants des martyrs de Yeyasu, apprit leur langue et entendit le récit des gloires et des malheurs de leur auguste église. La vie de l'abbé Sidotti, durant les quatre années qu'il passa dans les îles espagnoles, fut si admirable de charité et de vertus qu'il ne tarda pas être vénéré comme un saint, et à intéresser à ses projets le gouverneur et le général des galères qui se décidèrent à fréter un navire pour le mener au Japon. Il y aborda, seul et sans secours, le 13 octobre 1708. Le bruit de la présence de cet étranger, habillé en samuraï, mais parlant une langue que personne ne comprenait, se répandit promptement dans la province de Satsuma. Le daimyo demanda des ordres à Nagasaki. Tout de suite, l'abbé Sidotti, fut amené dans la ville des martyrs où un premier interrogatoire eut lieu en présence des Hollandais protestants en résidence à Deshima. Pendant qu'on informait le Shogoun de l'événement, les interrogatoires se multiplièrent. Qu'était cet homme, que voulait-il, comment avait-il abordé au Japon ? L'abbé Sidotti répondit à chaque question que le Hollandais Douw lui posa en latin. Il venait d'Italie, à l'âge de 40 ans, ayant abandonné sa mère et ses parents, pour parler à l'Empereur, lui enseigner la religion et le convertir. A Luçon (Manille), il avait acheté un habit japonais et un sabre et ce qu'il voulait c'était aller à Yedo. Sur la remarque qui lui fut faite que défense rigoureuse il y avait pour tout prêtre de pénétrer au Japon, il expliqua que cette défense ne visait que les Castillans et les Portugais, point les Italiens, puis, le plus tranquillement du monde, il indiqua le nom et l'usage des objets à son service qui se trouvaient dans un coffre. C'étaient les choses nécessaires pour célébrer la messe. Sur la fin de 1709, seulement l'abbé Sidotti fut envoyé à Yedo. Là de nouveaux interrogatoires eurent lieu en présence d'une nombreuse assistance. Finalement, il fut condamné à la détention perpétuelle et mourut en 1715, après avoir converti et baptisé ses gardiens.

Il n'était donc pas dit que jamais plus le sol japonais ne serait foulé par un prêtre en quête d'âmes à sauver.

Malheureusement, c'est devant cette douce et charitable figure de prêtre que tombe le rideau qui nous cache pendant plus de cent années l'histoire intérieure du Japon. Le silence se fait sur cette église et ses martyrs. La trace lumineuse de saint François Xavier et de ses successeurs s'efface pour un temps.

CHAPITRE III

LE JAPON AU XIXe SIÈCLE. LA PRÉPARATION APOSTOLIQUE (1844-1858)

Un jour de l'année 1844, le 28 avril, une corvette portant pavillon français arriva en vue d'une île de l'archipel Riu-Kiu, Okinawa. C'était, remarque un des passagers, la fête du patronage de Saint-Joseph. La corvette s'appelait l'« Alcmène ». Elle venait jeter à nouveau sur le Japon la première semence de cette foi qu'elle apportait de France. Deux hommes de cœur et de courage l'avaient armée. L'un d'eux la montait. C'était M. Forcade, le futur vicaire apostolique du Japon reconquis.

Au cours des dernières années du règne de Louis-Philippe, la France qui, depuis le traité de Paris, s'était repliée sur elle-même et n'avait guère eu le temps et le loisir d'envoyer ses marins scruter le mystérieux horizon d'Orient, s'était reprise enfin et, devant l'abaissement de l'Angleterre en Chine, avait jugé utile d'envoyer une brillante escadre dans les eaux du Pacifique. Cette escadre était alors commandée par un homme d'une rare énergie et d'une haute valeur, véritable fils de son travail et de sa persévérance, l'amiral Cécille. Ambitieux pour son pays plus que pour sa personne, ce soldat, qui de pauvre petit mousse était arrivé aux plus importantes dignités, avait rêvé à de grandes choses pour la gloire de sa patrie. Il voulait ouvrir à la France de nouveaux débouchés de commerce, lui trouver des amis jusqu'aux confins du monde, voir son nom respecté et connu sur ces mers qu'il aimait comme on aime son « chez soi ». Si sa foi religieuse ne le lui avait pas déjà fait deviner par avance, son intelligence et sa loyauté lui eussent rapidement permis de découvrir dans les missionnaires des amis dévoués à ses projets et vivant du même idéal. Aussi lorsqu'il résolut d'aller reconnaître les îles Riu-Kiu, avant-poste des côtes japonaises, demanda-t-il au supérieur de la mission de Chine, M. Libois, un interprète dans la personne d'un missionnaire. C'est ainsi que Forcade, arrivé à Macao en 1843, se trouva destiné par la Providence au dur labeur de renouer, le premier, l'ancienne tradition catholique du Japon. L'« Alcmène » que l'amiral ne pouvait commander fut confié à un marin, énergique et courageux comme son chef, le capitaine Fornier-Duplan, et c'est à trois — car on avait embarqué un Chinois catéchiste, Augustin Kô — qu'on leva l'ancre, le 3 avril 1844, pour arriver à Nafa le 28 du même mois.

Les débuts de l'apostolat de M. Forcade

dans les îles de Riu-Kiu, pour n'être pas sanglants n'en furent pas moins douloureux. Toutes les lois anciennes concernant les missionnaires étaient encore en vigueur et publiquement affichées sur les murs de chaque ville. L'énergie, l'autorité du capitaine Fornier-Duplan permirent cependant au jeune missionnaire de prendre pied sur la côte d'Okinawa. En vérité, les mandarins mirent tout en œuvre pour empêcher la chose : ils refusèrent de faire du commerce avec la France, sous prétexte que les îles étaient trop pauvres ; ils ne voulurent accepter aucun cadeau en échange des services qu'ils avaient rendus aux envoyés du « puissant Empereur » ; ils alléguèrent, à la demande de l'officier qui exigeait que les deux interprètes — c'est ainsi qu'on avait présenté M. Forcade et Augustin Kô — restassent dans le pays, que les indigènes auraient peur, que jamais jusqu'ici des étrangers n'avaient séjourné sur leurs rivages, que le climat était malsain ; ce fut en vain. Fornier-Duplan resta inébranlable. « Je suis heureux que vous n'ayez pas refusé de recevoir les deux interprètes, écrivit-il fièrement au gourverneur, car comme j'avais reçu l'ordre de les laisser dans votre pays, j'aurais été contraint, malgré votre refus, de les laisser également et le chagrin que je vous aurais alors causé m'en aurait fait beaucoup à moi-même. Pour les observations que vous faites par rapport au climat, à la crainte où vous êtes que la santé de ces deux hommes ne se trouve dérangée, elles témoignent de votre bon cœur; mais vous saurez que les Français, quand ils ont reçu un ordre, l'exécutent, même au péril de leur vie. Ainsi je les débarquerai demain avec leurs effets en les recommandant de nouveau à vos bons soins. » C'était clair et précis. Quelques jours après, « l'Alcmène » partait, laissant les deux missionnaires seuls, au milieu d'un peuple ennemi. Durant deux années la vie de M. Forcade fut celle d'un prisonnier respecté. Dès le départ du capitaine Fornier-Duplan, une garde fut commise à la surveillance de l'apôtre qui fut enfermé dans l'ancienne bonzerie d'Amiko. Jamais seul, il ne pouvait ni sortir, ni travailler, ni manger sans être observé. Toujours sa garde était à ses côtés, le harcelant d'hypocrites obséquiosités. Finalement, après deux entrevues avec le gouverneur-roi, il obtint de demeurer seul dans sa chambre et dans un petit jardin qui en dépendait, puis, insensiblement, il prit la liberté de sortir et même, après d'innombrables difficultés, de dire quelques mots aux braves gens qu'il rencontrait sur son chemin. Comme il aurait aimé, alors, pouvoir parler à ces païens des seules choses pour lesquelles il était venu de si loin se faire prisonnier volontaire! quelle joie eût été la sienne de leur apprendre le nom de Jésus-Christ. Lui qui, un jour, à la demande de quelques mandarins, avait entonné sur le rivage, pour leur donner une idée des chansons du pays, le « Te Deum » et le « Magnificat » et avait pu, dans la joie de son âme, saisir, sur le visage de ces simples, quelque chose de la prenante impression qui remue toutes les foules, qu'elles soient d'Europe ou d'Asie, aux accents de ces solennels cantiques, il ne pouvait rien entreprendre et dire sous peine de compromettre l'avenir ! En fait, le mauvais vouloir des chefs s'expliquait. Les îles dépendaient du Japon au point de vue politique et commercial. Que le roi autorisât M. Forcade à prêcher l'Evangile et, tout de suite, l'Empire retirait ses vaisseaux, la Chine rompait toute relation et, finalement, la guerre s'imposait. On comprend que cette considération pesait d'un poids singulièrement lourd dans la balance du seigneur de Nafa et que la présence de cet étranger n'était pas faite pour lui plaire, d'autant, au reste, que ses craintes étaient assez fondées. Cet exil, cet réclusion, dura deux longues années, pendant lesquelles les oreilles de M. Forcade n'entendirent d'autre langage que le mauvais latin de son ami Kô et son cœur le mystérieux et impuissant appel d'un peuple comprenant, sans le pouvoir dire, la grandeur du message que cet étranger leur apportait et qu'il était incapable de leur communiquer. Seule, l'Eucharistie faisait sa force et seule elle était sa compagnie dans l'angoissante solitude qui l'enserrait de toute part. L'amiral, même, dont il n'avait aucune nouvelle, semblait l'avoir abandonné et il pouvait se demander ce que serait pour lui l'avenir si jamais plus la France ne venait planter son drapeau sur le sol aride où, sentinelle avancée, il avait été posté par la confiance de ses chefs. Or, au matin du 1er mai 1846, fête du roi, à peine eut-il terminé son action de grâce qu'Augustin lui demanda, anxieux, si, durant sa messe, il n'avait pas entendu chanter un oiseau. « Pater, nil audivit per missam? Per totam missam cantabat avis : navis venit ! ». L'oiseau a chanté ! Le navire vient. Le navire venait en effet. Dans le lointain, à l'horizon, un point noir faisait tache ; bientôt les contours du vaisseau se dessinèrent, les mâts se laissèrent deviner. Mais qu'était-ce ? Ce pouvait être un bateau anglais, une frégate hollandaise. Cependant si les couleurs aimées allaient tout à coup apparaître ! Les couleurs n'apparurent pas, mais, soudain, au coup de midi, vingt et une décharges d'artillerie partirent du bord. C'était l'équipage qui célébrait la saint Philippe ! C'était bien la patrie qui approchait du rivage. La joie de M. Forcade fut indicible. Combien peu, pourtant, il se doutait des autres bonheurs dont Dieu allait récompenser son sacrifice et sa persévérance ! Monté sur une jonque, il se précipite au devant de la « Sabine » et, à la nuit close, il arrive à l'échelle où l'attend un homme qui lui saute au cou, l'embrasse et, les larmes aux yeux, murmure à ses oreilles la première parole de français qu'il entend depuis que « l'Alcmène » l'avait quitté : « Un ancien élève, maintenant un confrère! » C'était M. Leturdu qui venait partager son exil et seconder ses efforts. Immédiatement conduit au carré, on le fait dîner et on lui remet son courrier. Le premier pli qu'il ouvre est sa promotion à l'épiscopat. M. Forcade avait trente ans. Le Japon et les îles Riu-Kiu étaient érigés pour lui en vicariat apostolique.

L'arrivée de la « Sabine » fut bientôt suivie de celle du vaisseau-amiral. Après de longs retards occasionnés par le traité de Lagrené, Cécille pouvait enfin venir rendre lui-même visite au missionnaire et, définitivement, régler sa situation. Sa tenacité et son énergie n'obtinrent pas du roi des Riu-Kiu l'alliance commerciale qu'il désirait; il parvint, du moins, à faire accepter la présence des prêtres français sur les rivages de l'île avec la pleine liberté de vivre comme bon leur semblerait : ils ne devaient plus être dorénavant soumis qu'au droit commun. Les pourparlers durèrent six semaines, durant lesquels l'amiral s'ingénia, par tous moyens, à donner aux autorités du lieu la plus grande idée du pays qu'il représentait comme à montrer en quelle singulière considération il tenait Mgr Forcade. Puis, laissant M. Leturdu seul dans la bonzerie de Tumai, il partit pour le Japon avec le nouveau vicaire apostolique. Hélas! la première entrevue des Français et des Japonais n'eut rien de très consolant. L'amiral ne put même pas descendre à terre et le gouverneur ne daigna pas se déranger pour saluer l'officier. Insolemment, par quelques matelots et douaniers, on lui intima l'ordre de reprendre le chemin qui l'avait amené en ce royaume fermé à tout jamais aux étrangers. Toutefois, cette reconnaissance n'avait pas été vaine. Mgr Forcade y apprenait au moins une chose, c'est que le roi des Riu-Kiu, dans les meilleurs termes avec celui du Japon, avait impudemment menti à l'amiral à peu près sur toutes les questions que ce dernier lui avait posées, qu'il tenait minutieusement son allié au courant des faits et gestes du missionnaire et enfin que le Japon avait mis à prix la tête de M. Forcade. En présence d'un tel état de choses, il fallut bien rebrousser chemin et remettre à des temps meilleurs l'entrée joyeuse au pays promis.

Pendant que Mgr Forcade partait pour Manille en quête d'une consécration épiscopale, un nouvel apôtre arrivait auprès de M. Leturdu. C'était M. Adnet. Cette compagnie n'était pas inutile au pauvre missionnaire,car les jours de solitude pesaient lourdement sur ses épaules et, malgré la visite de l'amiral, la situation des étrangers ne s'était guère modifiée. Au fond de tout cela, il y avait la crainte du Japon dont le représentant à Nafa gouvernait, en fait, réellement les îles et, faute de pouvoir se débarrasser des étrangers on cherchait, du moins, par mille tracasseries, à leur rendre le séjour insupportable, inutile, dangereux. De son côté, Mgr

Forcade courait les mers. Sacré le 21 février 1847 à Hong-Kong où il finit par trouver un évêque, après quelques hésitations, il se décida à retourner en France discuter lui-même des intérêts de sa mission. Certes, elle avait besoin, cette pauvre mission des Riu-Kiu, d'une efficace intervention, car le malheur passait sur son ciel. Privée de son évêque depuis de longs mois, elle vit bientôt l'un de ses deux prêtres, M. Adnet, mourir de la poitrine, loin de tous secours humains, laissant à nouveau M. Leturdu seul et inconsolable ; puis, à son tour, M. Leturdu reçut du gouvernement français l'ordre de partir et d'aller à Hong-Kong. Le 27 août 1848, les mandarins et le gouverneur purent être dans l'allégresse : l'étranger s'en allait; on espérait qu'il ne reviendrait pas.

M. Leturdu ne revint pas en effet, mais les chefs de l'île ne gagnèrent pas au change, car d'autres, quelques années plus tard, en 1853, y arrivaient et avec des forces plus imposantes que le dénuement voulu d'un pauvre missionnaire. C'était l'escadre américaine de Perry. De gré ou de force, les portes durent s'ouvrir, et peu après la muraille japonaise allait s'écrouler. Des Riu-Kiu, le commodore fit voile sur Uraga, situé à l'ouest de Yédo. Les Japonais tentèrent tout d'abord d'intimider Perry comme ils avaient intimidé Cécille : ils ignoraient qu'ils n'avaient plus affaire à la France, mais à l'Amérique. Aux réclamations, aux menaces des Japonais, l'amiral répondit en mettant ses vaisseaux sur le pied de guerre et en faisant dire tout simplement au shogoun que sa mission était formelle : il devait remettre une lettre à l'Empereur, à Uraga ou à Yedo et point ailleurs, que la loi américaine le commandait et que les Américains devaient obéissance à la loi américaine plutôt qu'à celle du Japon. Le shogoun comprit ce que parler veut dire. Une conférence eut lieu et force lui fut d'accepter la lettre de Millard Fillimore lui demandant un traité et sa réponse d'ici quelques mois. Puis, son message accompli, Perry alla s'installer à Nafa où, sur la menace de prendre le palais par les armes, les autorités lui accordèrent le libre commerce et l'autorisation de bâtir un entrepôt de charbon.

La croisière américaine fit grand bruit dans le monde. La Russie et l'Angleterre, qui cherchaient à étendre leur sphère d'influence dans les mers d'Extrême-Orient, s'agitaient. La France, de son côté, songeait à envoyer une frégate au Japon. Ces préparatifs hâtèrent le retour de Perry à Yedo. Le 4 janvier 1854, il reprenait la route qu'il avait faite l'année précédente et, grâce à son énergie, le 8 mars, les négociations commencèrent à Yokohama. Shimoda et Hakodate ouvraient leur port à l'Amérique. La même année et la suivante, l'Angleterre et la Russie demandèrent des avantages analogues pour leurs compatriotes. La libre entrée de Nagasaki et d'Hakodate leur fut concédée aux mêmes conditions qu'à l'Amérique. Malheureusement, les vaisseaux privilégiés qui, les premiers, purent librement circuler dans les eaux japonaises étaient tous de nations protestantes ou schismatiques. Avec eux c'était le protestantisme et l'orthodoxie qui entraient sur la terre des martyrs. Ce n'était point le catholicisme parce que la France n'avait pas encore paru. Mais Dieu qui dirige toutes choses, pouvait-Il laisser l'erreur se répandre sans permettre au bien de lutter contre elle? Le gouvernement français n'avait, peut-être, ni le désir ni même la pensée de soutenir des missionnaires : les nécessités politiques l'y obligèrent. A mi-chemin entre l'Occident et l'Orient le canon, en effet, venait de se faire entendre. La bataille de l'Alma était gagnée ; mais Sébastopol résistait héroïquement aux attaques de Canrobert et de Pélissier. Pour affaiblir sur plusieurs points à la fois la Russie et faire une diversion, le cabinet de Paris envoya des vaisseaux jusqu'aux embouchures de l'Amour et sentit l'impérieuse nécessité de traiter avec le Japon. Le baron Gros fut chargé par l'Empereur de cette mission qui, cette fois, aboutit à de meilleurs résultats que la première. Le 9 octobre 1858, un traité d'alliance franco-japonais était signé à Yedo. Il reconnaissait aux Français le pouvoir de bâtir des chapelles et de pratiquer le christianisme. L'article IV était ainsi conçu : « Les sujets français auront le droit d'exercer librement leur religion au Japon et, à cet effet, ils pourront y élever, dans le terrain destiné à leur résidence, les édifices convenables à leur culte comme églises, chapelles, cimetières, etc. Le gouvernement japonais a déjà aboli, dans l'Empire, l'usage de pratiques injurieuses au Christianisme. »

C'était, quoique d'une façon bien restreinte et bien précaire, le droit pour tout prêtre catholique de résider au Japon. S'il ne pouvait être encore question pour eux de prêcher l'Evangile aux indigènes, du moins c'en était l'acheminement. La tradition catholique était donc renouée en ces lointaines contrées.

CHAPITRE IV

L'ÉGLISE JAPONAISE DE 1858-1872

Ce fut en 1859, le 6 septembre, que les premiers missionnaires catholiques arrivèrent en vue de Yedo. Le successeur de saint François Xavier était M. Girard, des missions étrangères de Paris. Sans difficulté, les autorités japonaises reconnurent officiellement au nouveau venu le titre de prêtre catholique et d'interprète du consul général de France et le laissèrent séjourner à Yedo tout en desservant Kanagawa. M. Mermet, un de ses confrères, habitait Hakodate. Le premier soin des missionnaires fut naturellement de bâtir des chapelles, pour les Européens d'abord, pour les Japonais à venir ensuite, car dès cette époque on savait qu'en un lieu ignoré du territoire nippon des descendants authentiques des chrétiens d'autrefois vivaient dans l'espoir et l'attente de jours meilleurs, après avoir conservé de leur mieux la foi qu'au XVIe siècle les Espagnols avaient prêchée à leurs pères et l'on espérait bien, qu'à l'heure marquée par la Providence, la trace en serait trouvée par les nouveaux apôtres. Mais tandis qu'obscurément MM. Girard et Mermet travaillaient au labour de cette terre qu'ils devaient ensemencer, un orage politique de la plus haute gravité se préparait à leur insu. Le Shogoun Yesada, véritable maître du pays, avait dû, forcé par les événements, signer les traités qui ouvraient à l'étranger les portes du Japon. Son patriotisme éclairé, son intelligence et son information politique lui avaient dicté la ligne de conduite qu'il venait de suivre et son ardent loyalisme avait été assez fort pour lui faire préférer, à sa situation personnelle, le repos et la tranquillité de son pays. Car il ne se faisait pas illusion sur la portée des événements dont il était l'un des acteurs. Très vite, il comprit qu'il avait à choisir entre une guerre effroyable semblable à celle qui venait d'ensanglanter la Chine, ou un accord diplomatique avec l'Europe et l'Amérique. Il se décida pour la seconde alternative, mais il y perdit la vie. Le parti national ne pouvait lui pardonner cet acte de faiblesse et de lâcheté à l'égard de ceux qu'il appelait « les Barbares » et sa mort fut le prix de son dévouement. Le meurtre de Yesada ouvrit la crise dans laquelle le shogounat disparut au profit de la monarchie absolue du Mikado. De 1859 à 1868 le Japon fut en perpétuelle révolution. Des bandes armées s'attaquaient aux légations et cherchaient par des meurtres habilement perpétrés et toujours impunis à éloigner les étrangers. Naturellement, le shogoun était l'objet de toutes les haines japonaises comme de toutes les méfiances européennes. Dans de telles conditions il ne pouvait que disparaître. Et c'est ce qui arriva en 1868.

Pendant ce temps, et au milieu des plus grandes tribulations comme des joies les plus pures, l'œuvre de Dieu s'accomplissait. Un chapelle se construisait à Yokohama, une école de français s'ouvrait à Yedo. Il en allait de même à Hakodate. Puis un nouveau missionnaire, dont le nom allait être bientôt illustre, le père Petitjean, arrivait aider ses confrères. C'étaient les premiers débuts d'une grande œuvre. Comme autrefois au jour de la Pentecôte, le succès de la parole apostolique fut considérable. M. Girard évaluait à dix mille le nombre des Japonais de toutes classes et de toutes situations qui, en douze jours, entendirent ses instructions, au lendemain de l'ouverture de l'Eglise de Yokohama et, sans les lois toujours en vigueur, et qui ne tardèrent pas à être de nouveau appliquées, sans la prison qui s'ouvrit encore une fois pour recevoir les Japonais assez téméraires pour entrer dans le temple chétien, le nombre en eût été infiniment plus grand.

Aussi des Irlandais, quelques Français et quelques Chinois formaient-ils tout le noyau catholique de l'Eglise japonaise d'alors; mais déjà six missionnaires étaient à leur service, attendant « dans la prière et la patience » de pouvoir plus efficacement travailler à la propogation du règne de Jésus-Christ. C'est alors que pour réveiller leur courage et leur foi, pour stimuler leur ardeur, Dieu daigna exaucer la prière de ses prêtres et réaliser leurs plus chères espérances. Comme toujours, au début de ses œuvres les plus belles, Il voulait qu'une joyeuse aurore vînt illuminer d'un divin et miraculeux rayon la moisson naissante, afin que chacun en la contemplant put dire en son cœur : « Digitus Dei est hic ! » Le doigt de Dieu est là. Donc, un vendredi du mois de mars 1865 — le 17 — vers midi et demi, une douzaine de personnes se trouvaient groupées à l'entrée de l'église de Nagasaki et semblaient attendre quelque chose. La porte était fermée. M. Petitjean, mû sans doute, comme il l'a dit lui-même, par une inspiration divine, s'approcha de ces gens, hommes, femmes, enfants et, leur ouvrant l'église, il leur fit signe d'entrer. Non sans crainte, on le suivit, car le souvenir des événements de 1862 était encore vivant et l'on se rappelait avec quelle fureur l'autorité japonaise avait fait arrêter et jeter en prison les sujets du Mikado qui étaient venus entendre les prédications chrétiennes. Il avait fallu alors toute l'énergique habileté du consul de France pour les faire relâcher et, depuis, on vivait dans la crainte continuelle de nouvelles mesures de rigueur. Néanmoins, l'invitation du missionnaire fut acceptée et, tandis qu'il s'agenouillait devant l'autel, trois femmes se détachant du groupe vinrent à ses pieds, les mains sur la poitrine, lui dire subitement par l'intermédiaire de l'une d'elles : « Notre cœur à nous tous qui sommes ici est le même que le vôtre. — Vraiment, répondit M. Petitjean, mais d'où êtes-vous ? — Nous sommes tous d'Urakami. A Urakami presque tous ont le même cœur que nous. » Et aussitôt cette femme de lui demander : « Sancta Maria no gozowa doko ? Où est l'image de Sainte Marie ? » On peut deviner quelle fut la joie du prêtre à ce nom béni ! Et quoi, à travers les temps, à travers l'espace, c'était le nom de Marie qui, le premier, venait sur les lèvres de ces hommes, chrétiens de pères en fils, par la seule force de la grâce et de leur bonne volonté. Un jour, au xvie siècle, d'autres missionnaires avaient baptisé leurs ancêtres et, comme un gage d'immortel espoir, ils avaient légué à leurs descendants, avec le souvenir de leur martyre, le nom de leur mère du Ciel. Et quand M. Petitjean les eut conduits vers l'oratoire dédié à la Sainte Vierge, tous de s'écrier avec transport : « Oui, c'est bien Sancta Maria ! Voyez, sur son bras on Ko Jésu Sama, son auguste Fils Jésus ! » Dans une commune union de foi et d'amour, le prêtre d'Occident et ses frères d'Orient retrouvés, glorifiaient Jésus et Marie ! Mais bientôt, de part et d'autre, les questions et les réponses se font nombreuses, plus convaincantes, plus merveilleuses : « Nous faisons la fête de on Aruji Jésus Sama, le 25e jour de Shimotsuki. On nous a enseigné que ce jour-là, vers minuit, Il est né dans une étable, puis qu'il a grandi dans la pauvreté et la souffrance et qu'à trente-trois ans, pour le salut de nos âmes, il est mort sur la croix. En ce moment nous sommes au temps de la tristesse (le Carême). Avez-vous aussi ces solennités ? Oui, répondit le missionnaire, nous sommes aujourd'hui au dix-septième jour de Kanachimi no sitsu. » Puis ils lui parlèrent de Saint Joseph.

Chacun aurait bien voulu continuer, en vérité, un aussi émouvant dialogue, tel que seul il peut s'en établir un après une longue séparation entre père et fils ; mais il fallut se dire adieu, tout en se promettant bien de se revoir sous peu. Les jours qui suivirent cette scène mémorable amenèrent à l'église une foule de Japonais si considérable que bientôt la police prit ombrage de ces allées et venues et qu'il fallut agir avec prudence. Le P. Petitjean, néanmoins, recueillit de nouveaux indices de l'intensité de vie chrétienne qui subsistait chez ces pauvres chrétiens. Tous portaient des noms espagnols ou portugais « Petoro, Jowana, Domingo, Paolo, Marina ». Ils administraient le baptême, sanctifiaient le Dimanche et les jours de fêtes ; ils savaient même en latin le Pater, l'Ave, le Credo, le Salve Regina, puis d'autres oraisons jaculatoires en japonais, sans oublier le chapelet.

La nouvelle de l'arrivée des missionnaires se répandit bientôt parmi les chrétiens restés fidèles. Dès le mois de mai, le P. Petitjean en connaissait environ 3.800 répandus un peu partout dans les montagnes et dans les villages éloignés. Tous avaient gardé une foi vive et pure. Sur les mystères de la Religion ils en savaient autant que des paysans de France de moyenne instruction. Ce qui prouve bien, du reste, quelle mémoire précise des enseignements d'autrefois ils avaient gardée à travers ces deux siècles, ce fut la question du « baptiseur » de l'une de ces communautés religieuses. « N'avez-vous point d'enfants», demanda un jour Pierre au Père Petitjean? « Vous et tous vos frères chrétiens et païens du Japon, voilà les enfants que le bon Dieu nous a donnés, répondit le missionnaire. » A cette réponse, Pierre inclina son front jusqu'à terre en s'écriant : « Ils sont vierges ! Merci ! merci ! » — Du reste, ces chrétiens avaient pieusement conservé quelques vestiges de la foi de leurs pères : livres, calendriers, chapelets, images qui leur permirent, avec la grâce de Dieu, d'attendre patiemment que l'orage fût passé et que Dieu leur envoyât, avec de nouveaux prêtres, le rameau d'olivier. Sauf en quelques chrétientés où des difficultés surgirent sur la validité du baptême et sur la question des mariages, difficultés, il faut le dire, vite aplanies par l'admirable docilité de ces grands chrétiens, les missionnaires n'eurent donc, en ces années bénies, qu'à continuer l'œuvre de leurs prédécesseurs. Ce n'était pas de conversions qu'il s'agissait, mais bien d'édification et de sanctification. Ce qui manquait le plus, au sein de ces communautés renaissantes, c'était le prêtre. Les missionnaires commençaient à faiblir sous le poids d'un travail accablant et personne n'apparaissait à l'horizon pour venir les seconder dans le lourd labeur de rappeler à ces foules — on évaluait à 50.000 le nombre des chrétiens restés fidèles, mais c'était là un chiffre fort exagéré — avides d'instruction et de réconfort spirituel, les vérités de la foi et les pratiques du christianisme. Cependant, au cours de 1866, quelques nouveaux missionnaires arrivèrent et M. Petitjean fut nommé vicaire apostolique du Japon. De son côté, M. Roches, ministre de France, avait pris en main la cause des chrétiens japonais et, grâce à l'attitude, en somme bienveillante du shogoun, les communautés se formaient ou se reformaient, tandis qu'un vivifiant souffle de grâce et de vie divine passait sur tous, prêtres et fidèles, créant la sainteté et transformant les cœurs et les esprits. Comme aux premiers jours du Christianisme, les missionnaires assistaient, muets d'admiration, à des scènes d'une poignante beauté. L'Eucharistie est rendue à ces âmes qui s'y préparent avec une foi et un amour touchants ; des conversions s'accomplissent, des baptêmes se confèrent et, forts de toute la force de Jésus-Christ, on peut voir des jeunes gens, des vierges, des vieillards se livrer à toutes les ardeurs d'une étonnante mortification, devenir, sans crainte, et au prix des plus lourds sacrifices, apôtres infatigables parmi leurs frères païens et préoccupés de leur salut comme un moine dans son cloître. On toucha du doigt, au reste, cette vaillance en 1867, lorsque la persécution faillit se réveiller de son court sommeil à propos d'une question de funérailles auxquelles les bonzes prétendaient présider. De toutes parts, on se prépara à la mort avec une joie et une sérénité qui montraient bien que la race des martyrs n'est point éteinte dans l'Eglise et, énergiquement, les chrétiens refusèrent l'intervention des prêtres païens, avouant hautement leurs relations avec les missionnaires. La persécution ne vint pas sur le moment. Tout au contraire. A la grande joie des missionnaires, on apprit même que le shogoun était disposé à accorder la liberté de conscience. L'alerte, cependant, avait été donnée, et chacun comprit, qu'évitée aujourd'hui, la persécution pouvait éclater demain.

C'est, en effet, ce qui arriva subitement dans la nuit du 14 juillet 1867. Chacun vivait dans le plus grand calme quand, tout à coup, pour des motifs qui n'ont jamais été clairement connus et à l'instigation de personnes dont le nom resta ignoré, le village d'Urakami fut cerné par des émissaires du gouvernement et soixante-quatre chrétiens furent arrêtés, brutalement frappés, sans distinction d'âge et de sexe, et conduits à Nagasaki où on les incarcéra.

Mais heureusement, depuis le XVIe siècle, les choses avaient quelque peu changé. Les ministres européens prirent énergiquement la protection des Japonais persécutés et, à la demande de Mgr Petitjean, M. Roches se rendit auprès du Shogoun qui lui donna, pour l'avenir, les plus fermes espérances. C'était toutefois à une condition : à savoir, que les chrétiens consentiraient à être enterrés suivant les lois du pays, c'est-à-dire avec les cérémonies bouddhiques et la présence des bonzes. Autant valait leur demander d'abjurer leur foi. Aussi, devant le refus des chrétiens d'obéir sur ce point aux lois de l'Empire, la persécution continua-t-elle. Comme la lèpre, si fréquente au Japon, elle s'étendit bientôt sur toutes les provinces où vivaient des chrétiens : à Omura, Koba, Kitamura. Partout elle frappait, ouvrait les prisons et apportait la mort.

Cet état de choses dura jusqu'à la fin de 1867. Malgré les promesses du shogoun, les prisonniers ne furent point relâchés ; bien au contraire. Par ordre du gouvernement, on essaya de les faire abjurer, on en mit plusieurs à la torture, et des défections, hélas ! commencèrent à se produire. Elles furent rares, en vérité, et presque toujours immédiatement rétractées; mais l'œuvre qui s'annonçait vingt-huit mois auparavant si pleine d'espérance, paraissait dès lors, sinon perdue sans retour, du moins gravement menacée.

C'est sur ces entrefaites qu'en cette année 1868 un événement d'une tout autre gravité vint rejeter à l'arrière-plan ces douloureuses préoccupations et donner, par là même, quelque répit aux martyrs : la révolution japonaise.

Le premier acte de ce drame sanglant qui devait si profondément bouleverser la société nippone s'était ouvert en 1865 avec une proclamation de guerre lancée contre les vassaux rebelles par le Shogoun Yemochi. Il s'agissait de punir les agissements de deux princes, Nagato et Satsuma, révoltés contre leur chef. Il ne peut être question de raconter ici les péripéties de cette première lutte qui se termina le 3 janvier 1868 par la suppression du shogounat et à laquelle les chrétiens ne furent pas mêlés. Défait par les troupes de Nagato, Yemochi mourut le 19 septembre 1866 à Osaka. Son successeur, Keiki, sur la proposition du prince de Tosa, promit de se démettre de sa charge pour restituer toute l'autorité qu'il concentrait en ses mains au jeune Mikado alors âgé de 15 ans, Mutsuhito (1); malgré ses promesses, il fallut un coup d'Etat pour le décider : ce qui fut fait par l'ordre impérial supprimant le shogounat.

(1) C'est le souverain actuellement régnant.

Cette première phase de la révolution n'avait rien de rassurant pour les Européens, et, en particulier, pour les missionnaires. Avec le triomphe du Mikado, allaient arriver au pouvoir les plus redoutables adversaires des Occidentaux. Car personne ne pouvait se faire illusion. Cette « guerre sainte » entreprise subitement avait une cause profonde : la haine de l'étranger. C'était parce que le shogoun se montrait trop favorable aux étrangers qu'il avait été combattu ; c'était à chasser de l'Empire tous les Barbares que les patriotes travaillaient. Cependant, après une alerte assez courte, les Européens purent se rassurer pour le moment, car un des premiers actes du gouvernement nouveau fut de reconnaître officiellement les traités signés au cours des dernières années. Mais les chrétiens, qu'allaient-ils devenir? Comme toujours, ils servirent de paratonnerre et c'est sur eux que la foudre tomba. Dès le 16 mars, la persécution recommença par des emprisonnements et de multiples interrogatoires, puis le 22 avril, par un édit impérial prohibant sévèrement l'« abominable religion des chrétiens. » La prison, dès lors, ne suffit plus au gouvernement. Ce fut la déportation. Malgré l'énergique activité des ministres, malgré les efforts de Mgr Petitjean, le village d'Urakami fut cruellement éprouvé. En juillet, 114 chrétiens étaient emmenés à Shimonoseki et dans des provinces fermées aux étrangers. Et ce n'était qu'un commencement ! Bientôt les îles Goto eurent, à leur tour, les honneurs de la persécution. Le cachot et la torture par le feu vinrent éprouver les chrétiens dont beaucoup n'étaient que néophytes, tandis que la mort faisait des ravages au sein du petit troupeau resté fidèle. Souffrances physiques et morales, privations et mauvais traitements eurent bientôt raison des corps à défaut des âmes. Chaque jour emportait avec soi quelque martyr au ciel.

Pendant ce temps la révolution marchait. Le nouveau régime en s'affermissant comprenait qu'il fallait achever l'œuvre de destruction commencée et abolir la féodalité encore toute puissante. Les daimyo, en grande majorité, n'y mirent pas obstacle ; mais il n'en alla pas de même des Samuraï et des bonzes qui tenaient à leur prépondérance comme à leurs privilèges et c'était d'eux, en réalité, que venait tout le mal dont souffraient les chrétiens. Cependant, malgré leurs efforts, des signes avant-coureurs d'une époque moins troublée semblaient poindre à l'horizon. Le gouvernement du Mikado finit par comprendre que cette lutte sourde et obstinée, sinon sanglante, ne pouvait qu'empêcher son développement économique et national et, à l'approche de l'expiration des traités, il envoya en Amérique et en Europe une ambassade chargée de nouvelles négociations. L'attitude de l'Europe fut telle que le Japon ne voulut pas tarder à rapporter les édits de 1870. Le 14 mars 1873 paraissait enfin la proclamation impériale par laquelle toute mesure vexatoire contre les chrétiens était définitivement abrogée. Ce fut, on peut le deviner, un beau jour pour l'église du Japon que celui où elle put lire que dorénavant chaque enfant du pays pourrait être à la fois bon Japonais et bon chrétien et revoir, comme gage de cette promesse, les premiers prisonniers rentrer dans leurs foyers. Le jour de Pâques — celui de toutes les résurrections — avait rendu à leurs familles et aux missionnaires un important contingent de martyrs. Pour la première fois, ils pouvaient publiquement affirmer, en assistant aux offices de la petite église de Nagasaki, leur foi et leur amour indéfectible et impérissable. Le reste des prisonniers ne tarda pas à rentrer à Urakami et dans les autres villages d'où ils avaient été arrachés. On pouvait, enfin, se compter et faire des rêves d'avenir !

La persécution était donc finie ; mais quel était l'état de cette communauté renaissante après l'orage qui venait de la disperser ? En combinant les renseignements fournis par Mgr Petitjean d'une part, M. Poirier de l'autre, nous pouvons arriver aux chiffres approximatifs suivants : Il était resté au Japon, pendant la persécution, environ 1.640 à 1.650 familles chrétiennes, c'est-à-dire à peu près 8.000 chrétiens. D'Urakami on avait déporté 3.404 habitants. Il en était revenu 1.981, ce qui donnerait un chiffre moyen de 10.000 chrétiens. A ce chiffre il faut ajouter

8 à 9.000 chrétiens vivant à Ikitsuki et qui ne s'étaient point encore déclarés aux missionnaires par crainte des mesures de rigueur exercéés contre leurs compatriotes d'Urakami; plus un nombre inconnu dispersé sur toute la surface du pays. Donc, sur 25 millions de païens, l'Eglise pouvait compter, en 1873, 15.000 chrétiens, dont deux à trois cents hérétiques on schismatiques russes. Le territoire était divisé en 8 districts comptant plus de cinquante chrétientés avec trois églises et vingt-sept oratoires. Il était gouverné par deux évêques, Mgr Petitjean et Mgr Lucaigne, sacré cette année-là même, et vingt-neuf missionnaires ayant sous leurs ordres six religieuses, deux cent vingt-sept catéchistes, deux cent cinquante baptiseurs et soixante-dix séminaristes répartis en deux séminaires. Malgré les difficultés de cette époque troublée, le clergé avait pu créer six écoles de garçons recevant deux cents enfants, une école de famille avec quinze élèves et deux orphelinats comptant trente-six orphelins.

C'était un beau résultat et un consolant espoir pour l'avenir qui s'annonçait meilleur.

CHAPITRE V

LA PAIX RELIGIEUSE (1872-1904)

A partir du moment où les édits persécuteurs furent rapportés, l'Eglise du Japon, rajeunie par ces années de culte et de souffrance, sortit des catacombes pour n'y plus rentrer. D'année en année elle devait grandir, s'étendre, prospérer, entraînant à sa suite, dans sa course à travers le pays, nombre d'âmes de bonne volonté. Ce n'est pas à dire pour cela que les difficultés lui aient été épargnées. Non; la lutte est la vie normale de l'Eglise; mais, malgré les tristesses et les peines, accompagnatrices forcées de tout apostolat, les missionnaires voyaient grandir la moisson divine et tomber les barrières qui les en séparaient. Les premières années qui suivirent la persécution de 1870 furent surtout marquées par l'arrivée de nouveaux ouvriers évangéliques. Comme après un cyclone qui laisse derrière lui un pays ravagé, il fallait, dans la chrétienté japonaise, tout reprendre par la base et construire de nouveau une maison habitable. Ce fut l'œuvre initiale des missionnaires. Successivement arrivèrent au Japon les Dames de Saint-Maur qui rapidement se développèrent et créèrent en différentes contrées des écoles, des orphelinats, des dispensaires; les religieuses de l'Enfant Jésus de Chauffailles, les religieuses de Saint-Paul de Chartres en firent autant et contribuèrent puissamment, par leur zèle, à la réorganisation générale des œuvres. Bientôt il fallut scinder le vicariat apostolique. Deux centres furent établis, l'un au sud, avec Mgr Petitjean, l'autre au nord, sous la direction de Mgr Osouf, à cette époque directeur au séminaire des Missions Etrangères à Paris. Grâce à l'activité du nouvel Evêque qui avait fait de Tokio sa résidence, une église s'éleva bientôt dans sa ville épiscopale, tandis que Mgr Petitjean construisait de son côté à Osaka. Les principaux centres japonais ne tardèrent pas à avoir ainsi leurs chapelles avec des œuvres attenantes, si bien qu'en 1879 on pouvait compter dans les deux vicariats 20.146 chrétiens et, en 1884, 30.280. C'étaient là des chiffres capables d'encourager l'ardeur des missionnaires.

Ainsi s'accomplissait l'œuvre de Dieu quand un événement politique de la plus haute importance vint donner un nouvel essor au mouvement religieux qui se dessinait si magnifique en ces lointaines contrées. Résolument, le Japon était enfin entré, dès 1872, dans la voie qui devait le conduire au plein épanouissement de la civilisation. Il comprenait cependant qu'un obstacle insurmontable l'arrêtait au seuil même de ce temple du Progrès dans lequel il avait la prétention de faire grande figure : c'était sa religion, son paganisme. Pour transformer sa vie sociale, il lui fallait transformer sa religion, seule capable de modifier à son tour « l'état des esprits et des mœurs ». Or, il ne pouvait être question d'adopter le Christianisme comme culte national. Les préjugés restaient trop tenaces dans l'âme japonaise contre la foi des Occidentaux pour accepter une pareille solution qui, d'autre part, n'eût pas manqué d'avoir sur la politique extérieure une dangereuse répercussion. On prit donc un moyen terme et, par un décret du 11 août 1884, le gouvernement proclama la liberté absolue des cultes, ne reconnaissant désormais aucune religion comme religion d'Etat. En 1889, lorsque la monarchie devint constitutionnelle, l'article 28 de la Constitution fut ainsi conçu : « Les sujets japonais jouiront de la liberté de croyance religieuse en tout ce qui n'est pas préjudiciable à la paix et au bon ordre, ni contraire à leurs devoirs de sujets. » On devine avec quelle joie le clergé accueillit l'heureuse loi de la séparation des Eglises qui, en d'autres pays, de civilisation cependant plus ancienne, attriste si profondément tous les cœurs religieux. Là, du moins, la législation n'avait d'autre intention que de donner à tous la liberté et de placer les chrétiens sur le même rang que les autres citoyens ! Désormais donc on n'était plus en mission, on était en terre civilisée ; on pouvait vivre au Japon comme en Europe et comme en Amérique ! Léon XIII s'empressa d'abolir les deux anciens Vicariats apostoliques ainsi que les deux nouveaux qu'il avait créés et le 15 juin 1891 il établissait la hiérarchie catholique au Japon, élevant Tokio au rang d'archevêché avec trois suffragants : Nagasaki, Osaka, Hakodate.

Tant et de si graves événements ne pouvaient manquer de jeter un certain trouble dans la marche normale de la communauté chrétienne. Les Japonais, si longtemps opprimés par des lois implacables, si cruellement sevrés de toute consolation religieuse, étaient insatiables et le zèle du clergé ne pouvait suffire à une si absorbante besogne. Toujours il fallait prêcher, toujours il fallait parcourir le pays pour aller visiter, parfois très loin, les uns et les autres. Ce ministère ambulant prit, du reste, une telle extension qu'il fallut bientôt l'organiser et huit missionnaires furent chargés de parcourir le pays en tout sens. Au cours de leurs longues pérégrinations ils catéchisaient, enseignaient, convertissaient. Un jour, c'était un chef de pèlerinages bouddhiques qui abjurait ; un autre, c'était un riche propriétaire dont l'exemple était bientôt suivi par nombre de familles qu'il nourrissait et faisait travailler. De toute manière le christianisme s'infiltrait dans l'âme japonaise et dans la vie nationale. Pauvres et riches entendaient la parole divine et l'acceptaient, heureux ensuite de la prêcher à ceux qui les entouraient. Tel fut en ces années le développement de l'Eglise, qu'après la promulgation de la loi constitutionnelle il fallut songer à réunir un concile qui s'ouvrit le 2 mars 1870 à Nagasaki, puis à construire d'autres églises, à créer d'autres œuvres. Manifestement les anciens cadres ecclésiastiques devenaient insuffisants. Dans une société civilisée, instruite, avide de progrès comme l'est le Japon, les méthodes d'autrefois ne peuvent plus convenir. Il faut un apostolat organisé à la façon de celui qui existe dans nos grandes villes européennes.

C'est ce qu'il nous reste à expliquer brièvement en terminant cette notice.

Depuis que la Constitution est en vigueur, les prêtres catholiques vivent donc sous le régime du droit commun. Le gouvernement japonais, loin de mettre obstacle à leur avidité, seconde ces hommes qui n'ont ni visées politiques, ni ambition humaine et, dernièrement encore, il était heureux de donner aux catholiques une marque de spéciale bienveillance en assistant officiellement au service religieux célébré dans la cathédrale de Tokio en mémoire de Léon XIII. De même, en maintes circonstances, le préfet du département dans lequel se trouve l'hôpital catholique de Gotemba se plaît à venir rendre des visites officielles aux religieux, heureux de saluer en leur œuvre — une léproserie — une des plus belles créations de la bienfaisance chrétienne.

Voici, d'après M. Ligneul actuellement missionnaire au Japon, un tableau comparatif des progrès du catholicisme au Japon de 1884 à 1903.

	1884	1903
Population totale du Japon.	34.000.000	43.900.000
Population catholique. . .	30.230	58.086
Evêques.	2	5
Missionnaires européens.. .	53	121
Prêtres indigènes	3	31
Eglises et chapelles . . .	84	165
Séminaires	2	3
Séminaristes.	79	42
Communautés d'hommes. .		5 81 religieux
Communautés de femmes .		25 325 religieuses

CHAPITRE VI

LE CARACTÈRE JAPONAIS. LES ŒUVRES

Les résultats jusqu'ici obtenus par les missionnaires sont donc, certes, encourageants ; mais peut-on fonder sur eux un sérieux espoir d'avenir ? C'est là la question. Evidemment, et par la force même des choses, les vieilles religions bouddhiques et shintoïstes disparaitront peu à peu ou se transformeront du tout au tout au contact des idées occidentales et il semble que, de ce côté-là, la victoire pour l'Eglise ne soit guère qu'une affaire de temps et de patience. D'autre part, la Russie, jusqu'à cette heure très entreprenante, très riche, très influente, ne contribuait pas peu, par la similitude des cultes et des dogmes,à détourner, les uns, des missionnaires, à rendre sceptiques les autres qui ne peuvent comprendre comment et pourquoi le christianisme se trouve ainsi divisé en deux sectes d'autant plus opposées qu'elles semblent, par l'extérieur, plus identiques l'une à l'autre; mais aujourd'hui, et pour longtemps, le danger paraît bien conjuré. Entre les Russes et les Japonais il y a désormais un fossé rempli de sang et jonché de cadavres qui ne se laissera plus oublier. Le Protestantisme enfin, par l'Angleterre et l'Amérique, s'est implanté au Japon. Un homme d'une haute valeur intellectuelle et morale, confident du Mikado et missionnaire dévoué, le luthérien Verbeck, eut jusqu'à sa mort, en 1898, une influence considérable sur la société japonaise et contribua singulièrement au développement des œuvres protestantes. Seulement ces œuvres, organisées par mille sectes diverses qui se combattent et se jalousent les unes les autres, ne peuvent que s'annuler réciproquement et si, de temps à autre, elles font des recrues sincères, le plus grand nombre est attiré à elles par l'espérance de secours dont il a besoin et qu'elles distribuent généreusement. Les Japonais, du reste, se rendent compte que ce n'est pas avec de l'argent qu'on attire les âmes pour les élever de l'erreur à la vérité, pour les purifier et les rendre meilleures et, volontiers, tout en profitant des libéralités protestantes pourraient-ils dire : « Trop d'argent, trop d'argent ! » Non, l'Eglise au Japon rencontre de grands obstacles, elle a de difficiles combats à soutenir, mais ces obstacles ne se trouvent pas dans les religions adverses, ces combats n'ont pas pour champ clos des croyances opposées : ils sont tous dans le caractère japonais et c'est par le caractère japonais que s'explique aussi le genre d'œuvres que les missionnaires ont créées.

La haine de l'étranger est toujours, aujourd'hui comme autrefois, le sentiment profond et souvent réfléchi des Japonais. S'il est resté chez lui, s'il est, par conséquent, de famille pauvre, il garde au fond de son âme les préjugés antiques, ceux que la tradition, le sang, l'histoire lui ont inculqués. Pour lui, l'Européen est une force momentanée dont on se sert, mais qu'on rejettera le jour où l'on n'en aura plus besoin et qu'on tournera contre lui dès que faire se pourra. En attendant on en profite, on l'exploite le plus habilement possible. Or, la religion comme les autres efflorescences de la civilisation occidentale est une de ces forces. Pauvre et de condition inférieure, il ne peut songer à trouver pour son intelligence et son développement humain des avantages de toutes sortes à ce contact journalier avec l'Europe ; du moins, il peut faire ses petits profits, et il n'y manque pas, en se faisant baptiser. De cette manière, faute de mieux, il aura des secours, un peu d'argent et c'est autant de pris. Si, au contraire, il est de classe riche ou aisée, il est allé en Amérique et en Europe, il a étudié dans les grands centres intellectuels des deux mondes, et lorsqu'il rentre chez lui, armé pour la lutte, il revient avec les mêmes dédains que lorsqu'il était parti, avec une incurable incrédulité en plus. En cours de route, il a lu Rousseau, Renan, Auguste Comte, étudié à Leipzig et à Berlin le christianisme historique et la philosophie allemande, entendu à Paris les orateurs socialistes et, de ce bagage intellectuel, rapporté d'outre-mer, il ne conserve qu'un élégant scepticisme, des idées subversives de tout l'ordre établi, toujours une haine réfléchie contre l'étranger qui envahit sa patrie. Avec cela, comme chez chaque asiatique, un orgueil qui n'a nulle limite, un sensualisme qu'aucun frein ne peut tenir en bride et une duplicité qui, pour se déguiser sous le nom de diplomatie, n'en est pas moins un vice qu'on retrouve dans toutes les classes de la société. Là est la vraie difficulté que rencontre le christianisme et la raison qui explique ses longs quoique réels progrès. — Mais à côté de ces traits du caractère japonais, il en est d'autres, singulièrement plus nobles par où l'Eglise peut avoir prise et accès. D'abord c'est l'intelligence. Par nature le Japonais est intelligent dans toute la force du terme, c'est-à-dire qu'avec une puissance d'assimilation remarquable, il est d'une curiosité sans borne et d'une perspicacité étonnante. Volontiers, et pendant de longues heures, il aime à entendre parler. En quelque endroit que le missionnaire aille faire une conférence, il va, qu'il soit bouddhiste, shintoïste, protestant ou rien du tout, l'écouter attentivement, puis il discute et il juge. De même il lit avec passion pour le plaisir de lire et d'apprendre quelque chose de nouveau. Aussi, l'œuvre des conférences et de la presse est-elle un des grands soucis du clergé. C'est par là surtout qu'il fait jaillir quelques étincelles de vérités qui souvent illuminent une vie et la rendent chrétienne. Un missionnaire pouvait écrire en 1902 : « Tokio rappelle absolument Alexandrie et ses écoles. Il lui faut des Origène. » Et c'est l'exacte vérité. Tout à la fois, le missionnaire doit enseigner aux uns les vérités chrétiennes les plus élémentaires, discuter philosophie, histoire et sciences avec d'autres très au fait des plus récentes découvertes et des plus modernes systèmes, redresser des erreurs, combattre l'incrédulité, modifier des « mentalités », en un mot faire en même temps métier de conférencier, de professeur, de publiciste de catéchiste et d'apôtre. De reste, à écouter le prêtre, nul ne fait difficulté. Pour eux c'est un homme comme un autre. A sa science ils le jugent. Ils vont même plus loin. Sans crainte, ils envoient leurs enfants aux trois collèges tenus par les Marianites ou Frères de Marie qui enseignent au Japon toutes les branches du savoir humain, sans oublier la religion. En 1894, un de ces trois établissements comptait 142 élèves parmi lesquels on pouvait compter 31 catholiques, 15 protestants, 2 juifs, 57 païens, etc. Par là, évidemment, le Christianisme s'infiltrera dans l'âme de ces enfants et par eux dans leurs familles. Car c'est un autre trait et très frappant du caractère japonais que lorsqu'il est converti sérieusement, lorsque nulle autre considération que la foi ne lui a fait recevoir le baptême, très vite le nouveau chrétien devient un apôtre. Ardent au bien comme au mal, une fois en possession de la vérité, nul obstacle ne l'arrête, nulle difficulté ne le rebute pour la faire partager à d'autres et c'est ainsi que jusque chez l'Impératrice le catéchisme est entré. Du reste — et cela se comprend — c'est surtout dans la haute société japonaise que l'Eglise recrute ses meilleurs enfants. Déjà plusieurs grands noms ont reçu le baptême et pratiquent pieusement leur nouvelle religion. Dès 1883 la fille du ministre de la Justice devenait chrétienne et épousait une jeune prince lui aussi chrétien. C'est par de tels exemples, c'est sur de tels foyers que l'Eglise peut, lentement, mais sûrement, construire la maison du Père commun des hommes. Mais ce n'est pas à dire pour autant que dans les classes inférieures de la nation il n'y ait de belles et consolantes vocations à la foi. Non; là aussi souffle l'esprit divin et, comme chez d'autres, lorsque la foi a pénétré à fond dans leur âme, elle y fait des merveilles. Dans les classes pauvres c'est surtout par les charités, par les œuvres de dévouement et d'abnégation que Dieu attire et retient, parfois de suite, parfois à l'heure de la mort; mais comme chez ceux que la fortune a plus favorisés, une fois les difficultés surmontées, ils vivent généralement en bons chrétiens et deviennent, à leur tour, des apôtres pleins de zèle. C'est ainsi que dans l'armée qui compte actuellement beaucoup de fervents catholiques, tous hommes du peuple, des conversions se font et des préjugés se dissipent. Du reste, plus que bien d'autres, ces chrétiens sont particulièrement méritants et en les voyant, tous sans faiblir, aller régulièrement à la messe le

Dimanche, entrer, même en compagnie, à l'Eglise et saluer le missionnaire, on peut croire sans peine que leur religion est solide, que leur famille sera chrétienne et qu'autour d'eux ils exerceront une salutaire influence.

Mais pour toutes ces raisons et surtout par suite de cette persistante animosité du Japonais contre l'étranger, il importe qu'au plus vite un clergé indigène se forme nombreux, savant, profondément religieux, capable de devenir les collaborateurs et les aides des prêtres français. Eux seuls peuvent, en effet, comprendre pleinement l'âme japonaise, eux seuls peuvent en parler la langue en enfants du pays, eux seuls peuvent avoir sur les infidèles assez d'autorité et d'influence pour les amener nombreux au Christianisme et à la foi. Aussi dès 1873 le séminaire de Tokio fut-il fondé et ce fut M. Midon, plus tard évêque d'Osaka, qui en eut la direction. Les jeunes gens ne tardèrent pas à arriver et, chose étrange, d'un peu toutes les classes de la société. A côté du petit paysan pauvre venu du fond de la province, on put voir, aux environs de 1880, vivant dans la plus parfaite union, deux fils de grande famille et d'ancienne noblesse, tous deux aussi énergiques que vaillamment chrétiens. En 1884, le séminaire comptait dix-sept élèves. Le chiffre peut paraître modeste ; mais quand on songe à quelles épreuves redoublées il faut mettre ces jeunes gens, hier encore païens, pour les bien juger, pour pétrir et transformer leur âme et les établir, en toute confiance, chefs, pasteurs et docteurs de leurs frères unis et séparés; quand on réfléchit, d'autre part, qu'au Japon comme en France, le service militaire les retient, longtemps, loin de leur centre d'attraction pour les jeter durant plusieurs années en pleine caserne et en caserne païenne, le chiffre n'a plus rien d'étrange : il est, au contraire, de bon augure pour l'avenir. Le cours entier des études, petit et grand séminaire, est de quinze années. C'est, en général, vers l'âge de trente ans que le séminariste est ordonné au sacerdoce après avoir passé, entre le sous-diaconat et la prêtrise, une année entière comme catéchiste dans l'intérieur du pays. Les trois premiers prêtres japonais furent ordonnés en 1882 par Mgr Petitjean. Depuis cette époque, le nombre alla chaque année en augmentant, si bien qu'en 1903 ils étaient, les décès défalqués, 31. Malheureusement, outre les difficultés d'ordre intime qui empêchent l'œuvre du Grand Séminaire de se développer autant qu'elle le pourrait, il y a des difficultés financières qui contraignent les missionnaires à faire un choix sévère parmi les jeunes postulants. C'est la raison pour laquelle depuis 1890 tous les séminaristes, au moins en grande majorité, sont envoyés dans un seul séminaire : celui de Nagasaki où ils attendent dans le calme et la prière l'heure où le Maître leur dira enfin : « Désormais je ne vous appellerai plus mes serviteurs mais mes amis, car je vous ai choisis et je vous ai placés pour que vous alliez, que vous portiez des fruits et que vos fruits demeurent. »

Il me semble en terminant cette notice que, vus de haut, les événements du jour doivent donner à tout chrétien un invincible espoir. Oui, l'Eglise est attaquée et combattue, oui, elle est persécutée, mais elle ne meurt pas pour autant. Toujours en marche, elle s'en va dans le monde, le flambeau de la foi en main, à la recherche des pierres immortelles destinées à la construction de la cité mystique. Partout elle en trouve, partout elle les taille et les polit et c'est afin de lui permettre d'accomplir sur terre sa grande et glorieuse mission que Dieu, dans sa puissance et sa sagesse, ne craint pas de bouleverser un instant les nations et les pays. Par la guerre et les révolutions, par de soudains et imprévus évènements, il ouvre à son Eglise de nouvelles terres et de nouvelles régions, car demain comme hier elle doit perpétuellement chanter une « louange perpétuelle » au Christ son Maître qui vit, qui règne et qui commande sur terre comme dans les Cieux.

BIBLIOGRAPHIE. — Pour l'histoire politique on pourra consulter *Lavisse* et *Rambaud* : Histoire générale (Paris, 12 vol.) *Courant* : Okubo (Paris, 1904) ; *Dumolard* : Le Japon politique, économique et social (Paris, 1904) ; *Weulersse* : Le Japon d'aujourd'hui (Paris, 1904). Pour l'histoire religieuse : *Marnas* : La Religion de Jésus, ressuscitée au Japon (Paris, 2 vol.). *Les missions catholiques françaises* au XIXe siècle (sous la direction du P. Piolet), t. III (Paris, s. d.). *Ligneul* et *Verret* : L'Evangile au Japon au XXe siècle (Paris, 1904). *Marin* : Mgr Midon (Paris, 1904).

TABLE DES MATIÈRES

FIN DE LA TABLE

Saint-Amand (Cher). — Imprimerie Bussière.

www.ingramcontent.com/pod-product-compliance
Ingram Content Group UK Ltd.
Pitfield, Milton Keynes, MK11 3LW, UK
UKHW021149220726
13924UKWH00003B/1072